钱钟仪家书手迹

钱钟仪　钱孙卿　著

长江出版传媒
崇文书局

目录

錢鍾儀抗戰前遺書手蹟

上冊

亡四兒鍾儀抗戰前遺書手蹟寫目　公元一九六五年乙巳冬月寫定

民國二十四年八月二十六日夜　暑假後到校日起附同月二十九日復函

同年八月三十日夜

同年九月七日夜

同年九月十四日夜附九月十七日復函

同年九月二十二日晨

同年九月二十九日

同年十月二十八日

同年十一月三日

同年十一月十日

同年十一月十七日

同年十二月一日夜

同年十二月七日午

同年十二月十五日夜

同年十二月二十二日

右卷上連復函共十六首

民國二十五年二月八日寒假後到校日起

同年二月十五日

同年二月十九日夜

同年二月二十二日

同年二月二十八日

同年三月七日

同年三月十四日

同年三月二十一日

同年四月十一日

同年四月十八日

同年五月二日

同年五月九日

同年五月十六日

同年五月二十三日

同年五月三十日

同年六月七日晨

同年六月三十日

右卷下共十七首

亡七兒阿寧墓碣 甲戌

右附錄一首

鍾儀十六歲肖影

七四兒鍾儀抗戰前遺書手蹟卷上　孫庵老人手批

母親大人膝下敬稟者兒自二十五日離錫十一點五十分車離錫三時許抵滬至七時始取得行李雇汽車直達同濟沿途零星耗去二元半八時抵校晤同鄉陶煒君及顧晉吉君偕訪周君祖彰未得晤據茶房云周君將就南京金陵女中職現在上海恐不返吳淞未識確否後兒由顧君晉吉設法暫住四樓今晨由顧君偕往註册納費（共八の十七元五角收據附上）並有宿房問

顧君晉吉知是否冰生先生之子渠為兒費心多多余甚感之

錫成製

陸振邦先生學行優美。過接三翁屢為余述其人。本允作函相託特附一函謝之。

同房有學友幾人。係何姓名。是否同級。有無品學兼優者。下次可一一相告。余甚喜汝兒弟在外能得益友也。亟欲聞之。

能均記得照做甚好。

並填寫保證書保人由顧君面懇附中主任陸振邦先生已蒙應允填寫蓋章又由顧君代兒擇定房間舖位今晚搬入行李等物現已有二同學先在矣其地空氣光線殊佳且位置朝南（大學本部第四宿舍天字第百二十一號）但恐潮溼書籍擬明晨往吳淞小書店購買俟明日吾再起

大人敬ゝ所囑各事。猶歷ゝ在耳。敢不照做。兒

(5)

住此甚安
大人不必懸念也肅此即請叩安
金安
滿兒百拜 二十六日夜
家中人均安好否？
三伯父母前請代為叱名問安
同濟膳食每月約八元校內校外同又及

錫成製

蒲兒覽：二十八日晨接汝二十六日夜普快所發一信，知抵校後一切已組有頭緒，均賴同鄉顧君力為幫忙，甚慰。大感汝可以余意謝之。汝天資尚好，意識未定，在外一切，余均不甚放心，務須切記余言，勿為聰明所誤。飲食寒暖，固須當心；與人同房，書物不可亂堆，均須適整理。用錢尤宜撙節，並須確有計算。功課方面，由中學而大學，環境又一轉變，所須認定中心，及自己工夫所缺者，專力做去，庶幾用心不紛，或可有所成就。汝一試以後，在校情形，及其餘力所及，自擬一治學計劃，寄余核定。凡初入世一切，即經自有規模，庶將來不致隨人腳跟。張猛龍碑及汝所習小字帖，均已購到。小字帖姪夫人誌似尚秀麗可學。張猛龍碑及元公墓誌，余均不甚合意，茲姑掛號另寄。如汝意亦不喜，余意大字或仍就顏魯公、東方朔贊及蘇字中擇一種試習，取其間架，腕力不致入歧也。由汝在滬自行選購小字，仍以暇時能多抄書，當心錯落，收效較宏。汝語言文字功夫尚欠缺，亦須就此數年中確定規模，將來用處甚多。汝所携左傳一部，可於課餘當心細讀，擇其尤者隨手抄錄。外間書攤如有東萊博議，亦可隨購一部，備閱。如左傳讀畢，可再將所携論語、孟子重溫一過，並自揣見地方面有無變化，藉覘進境

第二頁

史記汝在家中前當略事翻閱明年或即細讀一遍習字亦不可間斷以後在外余寄汝信均須細心收藏隨時翻閱蓋汝等一生做人道理實可於此取之不盡用之不竭也原函仍批註附還可自細閱

附去陸先生一函帶面肅遞為要

九月二十九日

謙甫

民國　年　月　日

照此支配 節用之 樽

父母親大人膝下敬禀者兒自遷入宿舍後安置各物後即略詢顧君在校一切費用膳費約四十元洗衣費四元書費約十五元是晚又由顧君偕往吳淞購買雜物如熱水瓶玻璃杯肥皂木屐及英抄等雜耗去三元許又購飯票二元至所用書本多有未備因書店由教授自定故至今日上課後方購讀本字典各一共洋三元八角今年費用兒預計已可足敷矣讀德英文于讀德文有

錫成製

此論似頗精

利亦有弊因英德文皆為拉丁文轉变着故多類似但因相似而每易牽纏亦頗因人也科程表今日已發表德文每星期二十小時功課以星期五為最重共上九小時星期一六最少德文三小時而已同房六舖五滿一為姚君錫山崑山人東吴附中畢業一為賈君其鶴復旦实中畢業一為王君蘇中畢業一為朱君民立中學畢業兒與諸君感情融洽。

善與人交須以久敬為主切不可多說笑話

錫成製

大人不必過慮也肅此即頌

金安

滿兒百拜 八月三十日夜

三伯父母前請代為叱名問安

錫成製

父親大人膝下敬稟者捧讀二日來諭悉堯哥已將聘約書訂定並不禁雀躍蓋堯哥就職事半年來思慮過當一旦得定堂上宜如何欣慰也多九兩弟赴 華師處甚佳多弟銳而薄九弟厚而鈍誠有所謂基礎未定者 華師篤行善誨必有以玉成之也字帖兩冊均已收到並均試寫張猛龍碑殘缺斷玦頗難摹臨姬夫人墓誌鐵畫銀

頗有知人之明

所論字帖甚當余意亦然

錫成製

蔣先生已得函復。對汝意極懇摯。

甚好。

鈞法度森嚴，而秀而不柔，潤而不媚，甚佳。蔣先生志範已叩見一面，並已聽講二小時。每星期共四小時，二小時授說文，二小時選講左傳、孟子。先生精神矍爍，豪興不減少年。義理沛然，觸類旁通，詞亦振振，足輔其說理，洵良師也。本級級任為項經方先生，教本班德文，教授法頗佳。所有文法因生字，因讀後隨即詢問，故皆當堂記熟。

錫成製

能自擇友。極慰。

進步殊速。且因課外工作絶少。故兒讀德文殊覺易々也。現德文每星期六測驗一次今日題目不難均可應付其他各課均無無新異。僅代英文以德文而已。周君祖彭昨日晤兒 云渠將離同濟而就南京之職今晨已出發矣。同室中有王君守武者。頗敏而媚學。懇切實而深思。聆談之下。宛然文哥具体而微。兒頗心儀其人。而願納交之也。

錫成製

王君蘇州中學學生因病未參加會考渠父曾辦工廠。現已倒閉。故君實用常識頗富也。該會考及格證書以上午有課下午又不辦公未克往領。見當囑人代領。再行掛號寄還未為晚也又圖書証須憑收費單往領。下次可併附來今日星期六[illegible]同舍諸人均回滬上隻人斗室至為寂寥游子天涯頓觸離懷日終

錫成製

(15)

以書自遣。足慰離懷。勉之。

日讀書。閒臥而已。肅此即請

金安

滿兒百拜 九月七日夜

三伯父母前請代為叱名問安

錫成製

季同先生。似聞其名，郅非壽稔。

楊秦二君。氣度藹然，均有父風，佳子弟也。洵字誤，留心。

祖父命汝小字曰阿滿，原有戒損之意，汝能卑以自牧，無幾知所謙益，不負祖訓矣，勉之。

父母親大人膝下敬稟者接十日來諭並所附收費單一紙詢兒王君尊人姓名兒已叩得名季同蘇城之實業家也今日三時楊君季康弟來過章　兒與談半時許楊君極穎敏然酬對之間至極為沉靜語亦藹然絕無時下浮囂之氣詢難能也兒自離錫來所接所聞不乏之英物才異物士亦有一二長者向之盛氣不覺一挫觀王君之深淵楊君之溫雅自宜知有所取法矣

錫成製

昨聞楊秦二君。囑汝熟讀德文。且可練習聽覺。甚是。須於課暇爲之。務以能自背誦爲度。明爽嫵媚。左氏獨擅其勝。此所以與史記奇峭特異其趣。所論甚是。

針字又誤。

上課之星期來覺課外太閒終日無所用心左傳續讀至宣王公衰覺此左氏運筆鑄句於簡絕明爽之中自有嫵媚韻味蔣志範先生淹傳絕倫奧句古字莫不抉發盡致昨承故説文于兒頗有興趣也蔣先生所示教授方計今並附上會考及格証書領到後当并收費單掛号寄還肅此敬請

金安

滿兒百拜 九月十四月夜

錫成製

滿兒覽日前來校見汝一切安適并有友朋之樂甚慰我亦即於同日下午乘四時平通車返錫翌晨又接汝交郵所寄九月十四日夜信仍行批註附還秦楊二君囑汝德文須熟讀如寢室有不便可就樹林中自行任意朗誦併可練習能覺此法甚妙語言文字之學無論中外均須從熟讀入手文法可言其理而運用仍須熟習譬之小兒學語必須口耳相習方能娓娓入聽文字成誦亦即此理我在家

民國　年　月　日

中亦嘗為汝言之我此次在校見汝案桌床鋪似均不甚整齊以後務須隨時收拾臨睡整理書桌起身整理床鋪一切書物均須於每星期六下午檢點一過其手頭不甚需用可即隨時收儲既不亂堆且免遺失課餘有暇大小楷仍須隨時練習來信時有誤字以後併須注意為要

九月十七日孫卿

錢基厚

書字未妥

父親大人膝下敬稟者接十七日嚴諭示兒
讀書之方以熟讀朗誦為要以後自當照
做本校圖書館規模不大藏書以德文為主國
書尤少盖歷史使然也同班三十九人程度殊
不齊三星期以來所成績當以工科成所為最
佳測量系中有少數同學竟完全不能聽
講頗有決意捨去之意誠非所計也兒又
聞之楊君云德文能學期成績能獲八

錫成製

須注意。

可買生梨去心連皮於睡前用開水沖服當愈以後並須注意早夜寒暖

十分以上者即無問題來年德教授口試万
过初步簡易淺近者耳兒雖頑鈍自信
尚可應付裕如決不致有負
堂上之期望也近日兒患喉咳嗽甚烈數
日未愈頗覺不便本星期一又接龍哥一
郵片詢兒近況現已馳書報之矣以此併告
堂上肅此即請
金安

原函批注不另作復二十三日蓀注

滿兒百拜 九月二十二日晨

錫成製

父母親大人膝下敬禀者兒本星期咳嗽甚劇入夜尤烈服藥未効不知何故也星期之作文一次題為「文王以民力為臺為沼而民歡樂之論」這意境殊覺不顺這詞亦未如意敷衍了事草草塞責批亦僅得七十餘分生疏亦云極矣星期五校中開映教育電影兒與王君聯袂往觀片子甚劣解釋不清大意竟未全明且

聞大工一年級有孫同鈺者，係北堂表伯之子，亦我屬甥也，便暇可一問。設輔仁學來催領畢業文憑，可速將前幾會考及格證書寄還，連同學費收據一併交郵掛號寄家。三十日起領。開會日期於今日抵家，燈下識此不另。作復，拾月二日穌卿

近已漸愈否？汝每謂汝咳嗽，疑係半夜出外澡浴未穿衣服受寒，或晨起多着衣服，書熟未醒所致，以後務須當心。余前囑汝買生梨用開水連皮冲服，亦曾試否？文字生疏，固由少做，恐亦欠讀，汝左傳仍繼續讀閱否？還有佳者可隨意朗誦，以暢其氣，並買陳朱博議參閱，亦足以發新意。

錫成製

別字。

聞之甚慰。

相距甚遠。出外非易。不必前往。

同学中竟類多跳踉叫嚣秩序之壞兒所未見殊可為教育前途歎也現德文進步殊速已可作日常簡明會話項經葛方先生对于怠情学業者或天資遲鈍者絕不留情故測量系中已有二同学自動退学矣本星期龍哥又來一函兒擬下星期日一过之或且往訪堯哥一晤也肅此即請

金安

滿兒百拜 九月廿九日

錫成製

別字當心。

好議論人長短。每易流入輕薄。汝何未讀馬援誡兄子書耶。以後須切戒之。此書勿輕令人見。

父親大人膝下敬稟者丑星期六開無錫同鄉會向所聞名而未一覿如表兄孫同廷及陶君秉熾者皆得聆其談吐聞其議論詞頗難能也之機也同廷表兄恂恂儒者風度亦類世家子惟客套頗多令人不耐耳至陶君秉熾沉默寡言頗有大智若愚之風惟偶有所發多未必中智耶愚耶賢耶

錫成製

又一别字。

言未必合，而筆頗摩朴，故圈之。

知其弊而力矯之。亦未可因噎廢食也。切不可稍形辭色，惹人疑忌。

否耶？如曰固不得而知之矣。同鄉會議决每人會費伍角，兒已繳納。每実則所謂同以聯絡感情為宗旨之同鄉會，並無若何價值。如並平時彼此接近者，固并無需同鄉会以聯絡之；如素無感情者，則更非同鄉会所能聯絡之。且同鄉会之惟一大事，亦不外喫々吵々，酒囊飯袋何處不可為

錫成製

考試結果隨時報告

當心寒暖，睡時須將帳門封好，並預備花露水或廣東油、賴如玉樹神油、萬金油等塗敷患處

叫嚣跳踉，自好所不屑。彼同鄉會又何為哉。本星期起將舉行月考，屆時恐將小忙，臨渴掘井，雖兒亦實未免其識也。又上星期小作瘧疾，幸三月即愈。此處蚊蟲叮人作寒瘧，入冬不減，兒頗苦之也。大人所詢北人之名，兒今錄下：上王君國寶，保定人，㊃將志公敦夫先生言其

錫成製

清季有巡撫而無省長。惟其時似無王姓其人。有誤否。

祖清時曾為江蘇省長甚儉廉陳君載山西太原人家世未詳駱君鳳嶠四川人(其父以一甲一名進士狀元及第)以此併告囗

堂上即請

金安

滿兒百拜 十月二十八日

家人均安好否の

均尚安好。

用字間有未安改正處須注意 十月二十九日孫卿

錫成製

誠哉其為捕風捉影之談，所謂人心驚慌，實非好現象，汝等仍宜鎮靜，無事不必慌。

敬親大人膝下敬稟者兒校中因近日風声甚囂大呈恐惶附中主任及各教員紛紛至滬等候消息学生亦多謀遷地為良者大学部秩序較好然亦謠言蠭起多捕風捉影之談人心混乱至此其中恐有姦人操縱也據同舍言暨南大夏諸校学生逃避一空以智識分子而出

錫成製

甚慰

財部消布緊急，一切金錢宜知注意，可設法兑調單票為妥。並銅元二三百枚，約亦合大洋一元，以備不時。

如此下意識舉動甚可笑也。上星期二考英文，尚滿意，成績猶未發表。本星期物理又將考試矣。制服本決于此學期做，因同學都皆不同意，已作罷論。制服費那十三元亦將退還，以此併告

堂上，即請

金安

滿兒百拜 十一月三日

十一月五日夜孫卿批閱

錫成製

未可遽以輕心掉之

誠然誠然。

別字。

父親大人膝下敬禀者兒制服費十二元已領到餘二角の分移作級會經費矣英文考試成績已發表兒得九十分未能涵[愜]意物理小考題目甚易兒大体全對惟計算略有錯誤心粗氣燥[躁]自有不可恕處數学本星期亦將小考材料與輔仁所用之課本大同小異無足慮也前月裝語

錫成製

世變正多。宜作靜觀。汝兄弟在外。尚能遇事鎮定。不致隨人驚惶。余意甚慰也。

某國人無事生風。亦如此蚊矣。

謠言本不值有識者一哂。後經市政府一再闢謠。校長亦表示確實担保學生安全。人心寧靜。衆怪亦息。蜀犬吠日。吳牛喘月。固惟一二人能免其識耳。近日天氣頗寒。然蚊蟲猶未絕跡。麈聚壁上。摑之皆血。亦奇矣。以此併告

堂上。即請

金安

我前諭汝對數表是否在家。信來何以不提。下次勿再忘記務要。十一月十二日 蔡卿

滿兒百拜 十一月十日

結果如何甚念

也字多可省

敬親大人膝下敬禀者兒上星期期算學小考題目甚易不足一做也。

大人所詢對數表兒並未帶出仍留後樓書桌遺人按類細索当可得之也星期一下午無課偕王君出校閒步是日天氣清和暢風拂面於談笑之中不覺漸行漸遠最

錫成製

如此盲人瞎馬。資財易發生危險。以後須切戒之。

即此亦見一般國民性無擔當無勇氣。真世道人心之憂也。

後竟達滬東楊樹浦天漸昏黑
路復茫茫地亦生疏倉皇失措不西
知所之及八時方回校中每人所耗
約達一元母行程可二十五公里許
費時五小时（時）誠非始願（計）所及也是
期六謠言復熾學生遷（逃）滬上者三
十餘人足見人心渙亂大非國家前
途之福兄本非隨波逐浪輕信

錫成製

華南如有問題。重心亦不在沪。即使萬一有變。亦係最後一課。汝等益宜勉勵。惟靜為能制動。能知此意極好

無主者又甚

大人一再訓示當益自恃〔持〕重鎮、

靜

堂上固不必為兒輩慮也以此併告

即請金

安

滿兒百拜 十一月十七日

錫成製

恐亦未必盡然宜再自加細思

父母親大人膝下敬禀者本星期二物理小考揭曉內有一題該教員出題設卷者均未深思全班同学均皆以似對实誤之初淺解法作之兒以得龍哥教獨兒與王君之作異眾物理教員不察竟批全錯並答數與彼之作法

錫成製

足見教師尚能虛心。而汝等全不自思。爲無禮也。汝如吾子宜以吾意遞往教師處謝罪。所貴乎窮理者。爲欲得其直也。既自確信其直矣。何必再有嘵々。幸尚知過。以後切戒。天寒。近海。當心加衣。

不同故也兒等却申以理直指其疵彼詞窮盍請乃尤為之再思兒所以嘵々者非必欲窮之也亦非重視區々之分數也窮理也雖然亦过矣天寒風疾日有所加身強亦覺兒不敵同舍固盍瑟李無人色矣邇來華北消

錫成製

當此時亂世危。汝宜危行言孫。亦勿輕出海口。致多召鬧取怨

息振盪人心殊甚所遇同學莫不大言輕战擧語數金若可操必勝之權者甚且醜詆元首責以決心溯每一星期謠言飛翼佈之時莫不談虎色变倉皇圖遁以此作反覌至于一笑現代青年以之高言從耳人覌聽未嘗

錫成製

如何别之。亦亟欲聞

聞之欣慰。

不可惜寫多言無（不顧）行色厲內荏聆點驢之技終有窮耳。兒固力思有所以别之之途也。德文已可作簡淺書札，作文文法亦粗具，半年可引以自慰者僅此耳。即請

金安

滿兒百拜 十一月二日夜

汝前離家時及吾歷次函批，諄囑汝所做之事，試自細思，至今做者有幾？做而中輟者有幾？及始終未做者有幾？究因何故？下次信可一一告我。

十二月三日夜 孫卿

錫成製

人有稱謂。汝亦何能免之

疑慮有之。詬責未也

疏狂傑驁。均非佳事。多言易賈尤。宜知戒

父母親大人膝下敬禀者兒昨接貓兒一函謂家中于兒父母與之互通馳書札事叢積疑慮備極詬責兒固蒙寬不自白百喙莫伸兒願為父母大人一剖白之夫兒生而狂疏性成而多言喋喋骨梗在喉吐之為快顧知友之間獨少鶩驁如兒而

錫成製

未免過情之言但以長友相視余亦不復汝禁汝毋意亦云然

異性之交須計將來此意須向家時與汝詳說

余與三伯文均已知之無待辯白所謂疑惑者何人也

可共一傾談者惟坦率性成識
亦卓拔是以位於長友之列
附跡文字之交初未以異性
而閒遂異有歧視也顧筆札
之縱談騁論則有之固絕無
一字及不可告人之隱私者
有書可檢當非虛造然則又
何足以勞人疑動人惑哉乃

錫成製

汝言誠然。但汝與貓通信。而用隱名相瞞。余雖明察秋毫。亦倘能及此輿新也。然汝何以知余必欲實之。且所謂真有其事者何事也。

大人明察秋毫而不及輿新。及欲隨其疑而實之。若真亦有其事者。大人用意固良厚。雖然。去事實亦已遠矣。爲兒爲貓亦何以甚乎。兒誠解幼識淺。媚學猶恐不暇。豈復有他計哉。而今而後兒亦有惟有

貓非不可通信。而瞞人以滋疑議。且亦家長不許。所謂瓜田李下也。汝等宜悉此意。汝能媚學。不復他計。余意良慰。

錫成製

放下屠刀，立地成佛，真合浮屠不宿桑下，君子別嫌明微之意，汝自酌之可也。

不必不必。家中自余及三伯父，因汝於千弟中尚知要好，極優容。何自如汝所云也。汝宜努力用功，不負夙昔期許。止謗莫如自修，何可意氣爭勝。

何致自苦乃耳。真所謂懵懂一時矣。趕快一切放下，慎勿妨害課

停寸楮以杜人言，絶尺素以免膠葛，而此書大人則可以榜之家門，以示嘖〃有煩言，無事好生風如草国人者也。得信茫然，心神擾〃，中宵不寐，輾轉側待，計無所出，晨雞起頭暈如劈，刀舉步如入霧中。飯後徑起握

錫成製

管直下狂草臨書惶惑不
知所馳即請
金安
滿兒百拜 廿二日朔
三伯父前可便呈一覌

吾前批諭汝課外應做之事。此次何以一字不提。下次務即詳告為要。
十二月九日夜 孫卿

錫成製

汝讀左傳。將先生節選十餘篇亦均能背誦否。昭公以下可仍照舊日續讀，務於暑期終了以前讀畢。汝實疑難在處，余或須查詢也。

凡學字皆有此境。姑就大字帖心所喜者，每日臨摹，至少一頁，多或半張。先求摹間架，次求筆意。久之或有進步。至小楷本以運轉為主，能多動書亦自入格。

父親大人膝下敬禀者：兒左傳已讀至昭公，設無註解，多有難明者。同時國文講讀上蔣先生亦節選講授，計今已十餘篇矣。小字亦臨过，愈学体態愈形呆拙，遂廢然而畫止。德文前奉大人前曾訓諭令多讀，但兒讀一冊过

錫成製

汝讀工宜多閱數理書，以備他日深造。

壁報論輯何人？可將姓名相告。兒如已有作品，並將篇目附及。

能知便佳。脫却尤好。

文法生字已均了然，二过即可。背誦多讀，亦至無趣也。閒暇時或閱數理書，或與王君等談校外江邊絕跡久矣。班上壁報，其編輯性情學問均可以。欲拉兒入局，而辭不得，勉應之。但筆墨易擾禍。有機当力脫之也。前物理

錫成製

（三）

教員何可諒也不敬之至謝之便是

一題理已得直諒，教員尤為加分，兒敬謝之，然無害礼，盖至君子之爭也，分數亦豈屑哉。此間近日峭寒，環校池水凝流，兒單衫均嫌窄小，無帽尤覺大苦，出外兩耳如削，手背凍瘃又發，昨時作奇癢，詢於所難忍。前接龍哥一信云彼陽

可速在滬自買紙帽手套凍瘃並亦用藥塗之

錫成製

昨已覆囑。陽曆年假如在三日以外，天氣晴暖，亦可回家一行，仍聽自酌。

查十五已信星期四，汝此信何以遲至星期夜始行繕寄？豈星期六及星期日盡閒，又有他事耶。

陽歷年假或不回家，將來過我（兒處）一視，聞之雀躍。以此併告，即請

金安

滿兒百拜　十二月十五日夜

昨接　三伯父信云：有手寫六七百字言長信寄汝，謂毛々通信並不足數，而充滿時代青年頹廢氣息，則殊非所宜，彼此宜相勗以學業，勿負好天分。阿伯才學素勝於我，而愛汝至於此極，余實心感萬分，汝宜一切領悟。汝於十節回所帶圖書館小說譯本幾盈筐，余意甚不歡喜，似曾屬汝言及，未識汝亦有信復

三伯父否？可併將余前批汝原信寄呈　三伯父閱看，而　三伯父寄汝手諭，亦寄家中，由我一閱也。十二月十七日夜孫卿

錫成製

时宜作時。此類字閲之刺目。汝等習非成是，以後不許再寫

国應作國。

不可以此自滿。仍須努力讀書。字太惡劣，尤宜勤習

父母親大人膝下敬禀者兒本星期三偕王君往註册查看新生查考入时分數兒平均七〇·五分列第一王君六九·九列第二最低為本室姚君僅五十一分兒国文一科竟已得十八分（二十分為滿分）至姚二君僅得九分）蓋得力于此為多也校中陽歷年假停課三天十日大

錫成製

考開始十五日大考結束大抵約十六

十七等日即可回錫兒絨帽已購

備寒耗洋九角手套未買尚無大礙

故不亟亟所以示儉約也

三伯父示兒一信意至諄諄然

誤會亦至不免以諭兒不必作

覆故亦遂如其諭也夫吟風

弄月所自以為高超然若夢

能知儉約甚好。

三伯父愛汝至切。故言之諄諄。何有誤會。汝何發言是忍。汝宜恭函作覆。一切敬謹領會。並將余所批文原函附呈。請訓。如在陽歷年假。可即附寄家中。

錫成製

三伯父金玉之言是當藥石汝有賢父兄慎勿自棄也勉之

又作破句

披髮佯狂而自以為超者兒所素所斥為盲目而不屑者也況時下少年聯綴新詞誤解入魔道者是誠兒所屑乎然則兒亦何致有頹廢之思想哉

三伯父並導兒讀論語之書告為立身持躬之本兒

錫成製

兒亦深然之（亦自書）敢不拜錄（受）此金

（不負訓誨）箴哉以此併吉即請

金安

滿兒百拜 十二月廿二日

三伯父函訓仍附還人家子弟有沒世而未聞如是之善教者汝宜什襲永作座銘異日當受用無窮也 十二月二十四日夜 孫犁

錫成製

錢鍾儀抗戰前遺書手蹟

下冊

[illegible]

七四 兒鍾儀抗戰前遺書手蹟卷下 附弟河寧墓碣

別字該知

況字多

父親大人膝下敬稟者五日手諭

已收到学費已繳納收據俟

領得圖書證後下次一併寄

家校中補考定十七號起至二十

日止二十一日二十二日休息二十三日

報告單即可寄家各科現皆

亦由教員指定範圍不寬則

此番殊失考試之本義况大

錫成製

抵皆中學讀過，即約略一過，届時不難按圖索驥。惟德文富于記誦之學，如理解生字五千有奇，尤非旦夕之功可奏僥倖。但以兒當之，亦殊褘手，有餘裕也。校中救國狂潮，尚未平息，本班亦有壁報數色種，大抵雜而無當，夸而不实。

此兩語甚是。凡語言文字之學，皆宜作如是觀。

文一別字。

驕兵多敗。甚為危懼。

錫成製

別字。

語未必當。筆頗牽強，故圈之

真何所見而云然，鼠目寸光

多中風走狂之語。羌無故實，酒酣耳熱，諷讀之失笑。于是歎之而求一平正明達淺近易致之言，終不可得。于是歎學生救國之技，僅止標語口號而標語口號亦正復少入格者也。雖然，其猶少有人心，勝于居邑之鄉愿齋肉儒，延頸望彼倫

錫成製

語涉校中師長何得如此狂悖以後出言下筆務須十分謹慎

之至以求夢富貴利達于萬幾一家為皇朝順民于今日者其勝因亦即遠矣新主任余森文履職後即召學生中活動分子前往談話恩結威脅恐嚇不一而足其手段亦至為君子所不取若輩嘍囉之技甚早晚恐有動作因未容

錫成製

別字。

寒暖當留心衣服。

從容作高卧也近日天氣甚冷（凉）昨夜又有微雪今日風狂特甚寒冬氣直龍衣、衣領人握管作書手僵足凍齒陳陣々作聲也即請全安

阿滿百拜 二明

三伯父母請代為叱名問安

今明兩日錫地舉行防空。此時正將燈火管制。特併附及。二月十日晚八時爺爺

錫成製

父親大人膝下敬稟者十一日十三日兩諭均收到校中定下星期一開始大考考試次序亦已公佈第一日上午德文英文下午物理第二日上午公民下午國文第三日上午數學下午化學德文材料雖多要皆平時練習有素臨時固無用強記亦不

錫成製

此語極是。推之他科亦當如是。

務須詳考精進學問如自己溫讀。

此真洞見本原。你須反躬自省。

余前在滬已見汝信。元女自叙作

能臨時強記，其餘化學較費腦筋。班中除王君與兒外，無能窮窺全豹。近日特求講解者幾無日無之。普通學生注重考試，但求分數，平日不求真解，不務實際。一見一般也。考後休假四天，兒擬往滬一探元子姊。十一日馳渠一書，猶未見報。

錫成製

二月底如返錫城地，請大人可為兒一詰之也。龍弟亦寄箋往候之。渠來一明信片告兒近況。兒此次由錫離家，零物遺家甚多。出外諸多不便。疏忽之罪，實無可逭也。今年意外添置化學、數學各一冊，合價七元有奇。

復。函窺其情形。晝須料理家事，夜又担任補課，亦極忙碌。知已作人家婦，不能再如汝等自由矣。余甚憐之。

誠然誠然。所遺家中何物，可先查明記出，以便假歸檢取。

錫成製

(58)

所附收費單未見，諒又遺忘，如此失頭忘腳，現在學業、將來事業，余均為汝躭憂。可於下次信內當心檢寄為要。

遲得通出預算表（無論、圖書證已領到、收費單[illegible]）附上。肅此，即請

堂上福體康安

阿滿百拜　二月十日

三伯父三伯母前請代爲叱名問安

聞汝去年投考，校中檢驗體格，目力似有不及，務須注意保養，勿睡枕上或床上燈下看書，並於早起傍晚散步，望遠練習目力，是為至要。二月十七日[illegible]

錫成製

數理首重真確。計算而有錯誤。實是科學家所忌。將來何能適用。以後務須切實注意。

驕兵多敗。余言已驗。

此由文機不暢。全係少讀所致。余囑汝到校後須將左傳略為下閱讀完畢。現已暇否。如能將東萊博議閱讀一遍。或亦有裨文思也。

父親大人膝下敬稟者校中考試今日已完畢兒此次考試各課均不惡竟數理計算錯誤甚多平均兒自度約在八十五分左右實不足以對堂上堂上望也國文文一篇作來甚覺生澀意境不順造句猶多生拗不類半年來荒疏竟至于此兒

錫成製

(60)

余已報人，實犯校規。萬一發覺，誤己誤人，何能自恃。余亦不許以後可以余意，加實謝絕，不得再獨入請或發覺，與伊感戒之慎之。

所謂氣盛則言宜也。

今日元女返錫。知已在滬作禮。

此次連日爲人作小序九篇，皆辭不得，顧非樂爲之而關己。一篇乃稍事經營外，其餘皆信筆漫寫，不假修飾，然反覺流暢自如，起結一貫，不縱觀己作，徒多雕鏤晦澀，風韻此固不足爲大人一述，而元女要復書至今未見，不知何故。多兔赴遊綴園家宴

錫成製

據朱師言，讀書尚有興趣，惟缺乏繼續性，是其根本毛病。

甚是甚是。聞汝在校與公民教[illegible]員上課時多有辯論，且語觸當局，甚非危行言孫之道。近政府已頒布維持治安緊急辦法，汝等青年務須一切謹慎，勿作無謂犧牲。而汝尤好弄小聰明，更於處世非宜。如尚知有父母，應即謹言緘口，一意專心學業，勿再肆言無忌。戒之勉之。

然淵讀書處後近況如何又
聞男昨日是有信與兒教人慎于
待人接物尤要謹言辭章
懇至兒甚感也現又早作要復
矣繳費單前次寄回今便寄
上期講

偶見汝致貓兒信，師長稱謂全不尊敬，是亦豈好人家子弟所宜有。而用心太紛，課業難專。以後統宜速改。凡余切囑之事，並須隨時詳覆，以抒余懷。慎勿自作聰明而為愛我所痛也。又

堂上福體康安

過翁樓三花詩。陸師振邦是否仍在校任事。下次信併覆茂為要。二月二十二日夜於蘇州

阿滿百拜 二月十九日夜

三伯父母前請代為叱名問安

錫成製

父親大人膝下敬稟者假期中

連日作雨閉坐無聊特甚取怡

帖作（臨）書張[illegible]猛龍碑及黑女志

均神韻醇醰厚筆筆有勁經

兒見一摹索然絕無意趣矣

嘗謂兒書筆作書出勤有過

[illegible]人而無不及然自文哥至

多書止莫不稱[illegible]先常特小

能覺索然無意趣胸中便已自有涇渭非亞少也勤務之身有進步

拙處而少風姿正由少習腕生之故非勤之過也

錫成製

笑風發。起亦至無不可解函。春試成績尚未發表，一星期中想有可看自候分數單也。企頃寄家可函。校中近日因訓育處傳言勒令一切學生團體停止活動，學生情形甚覺緊張，昨日開全體大會未成，改期定下星期一續

予日望之。

余自聞汝在校與公民教員辯論，語觸當局。並龍哥戒汝謹言慎行。頗懼汝在外

錫成製

亦符以言語文字責備古人明哲保身非僅明哲苟全性命亦並無大器晚成故須自慎所忌儼勿聰明自恃致點家中憂也飛之

多兒自前來緘。觀其情形似亦未能專心課業。汝如高興似以一日之長亦未嘗不可作書試之。

有釀成驅長風潮之可能也

（余近日雖不甚忙而年來亦頗怕煩。自知年漸衰老。頗望汝等克家。）

大人近日在家甚安。元女

（有繼起者矣為之）（元女送錫往住家中）

想已返錫多年離緣團圓後

情形又如何曾知照外用功

否。順請

福體康安

阿滿百拜 二月二十二日

三伯父母前請代為叱名問安

校課已照常否。較前有無變更。課餘亦宜自有定程。免致光陰錫慮成擲製。現作如何支配。下次信併詳告。二月二十七日夜孫批

成績平平。余不苛責。不能用心乃余所氣。計術者。真理表現過於計術。而反輕說，扣分一半。乃其自取。更有何理可相辯。如此教師。非真乃無恥。

父親大人膝下敬禀者兒校中成績已于今日發表（成績單系一小冊寄家甚爲不便暫假帶回可也）兒各科成績平分數八十八十化學複批五十六分尤出意外（按化學四題皆系計算兒於觀者爲無化學教員似專重答數而昧說理者同

錫成製

之恥。非僅討論錯誤，亦心理認識之一。知恥近乎勇，汝其為懦夫乎

學中有僅於答數求式完全錯誤，而非全由推者淺見，竟以計算不過僅而知分至一半，大可足怪。見本擬貨生以理，後以計算教錯誤。其癥在見，非分多寡。其權在彼，未便與言，亦正不以與言說。見說狂性生成，不受小挫，以有大願，留此固足系車

余於諸子中望汝特切，而汝去年考交大不錄取，致為親族訕笑，挫折不為不

其初若尚知愧慚，後更靡然自恃，汝毋嘗忝余言。近汝用心太〔?〕功課國〔?〕不足觀，且好弄小聰明，余亦不免嘿默，如此一誤再誤，不知何方有大覺悟，是留汝來臨金也。汝自思之。

讀所謂天言不慚，余亦前見汝所為經批評為此門不倫，未能發揮盡致，語亦穿鑿，即假如余為汝師，說讀漸愛不懈，心試想猶及格，且難如此之讀。

臨函現見不須補者與合本（去年八點傳）

學年成績六十均國文亦

僅得六十八分然蔣先生所

引為最佳者也卷中之四率

歷史規手皆是光光不得已

之作損隱謂以亦等者則見

才識固不逮且自動參萬倍然

其系文之境亦略有似之矣

錫成製

汝自用力未至而反藉腹中驕貴大惑不解者世亦可謂下愚不移者矣

考試應由教員主政與學生稱明事理須當一聽指揮何能有所齟齬汝等皆非成見亦即於此可見

又豈特先生真獨具隻眼能賞
識于牝牡驪黄之外乎天下
事之令人百思不得解者
有如此也本級同學李鑫因
考試時與教務主任莘善堅
時有齟齬今竟以學業不良
品行惡劣八字立遭除名李
君性略倔強素稱端方[illegible]易

錫成製

成績亦可令人失而招橫逆。同學莫不喜生痛心，復後勿勿惕惕，累己身危，擬全文上請求其撤消。同時選總代表前往說辭。級會中囑兒屬稿，兒參以義不可卻，乃允之。繼想大人顧一般好青年之前途，數百學生之保障，以樂聞之一

安分讀書。有何身危

義者事之宜。此係感情衝動，未必盡合於義。汝來余前，余今命汝專守自己課業，不問他人是非，無謂事業一切須除，勿再蹈誤，致遭譴責。

錫成製

而不復爲君見禁也，見亦豈
誠德好事哉！、左傳作書
日來無聞，又悚處有篋往
候出即請
金安
阿滿百拜 三月二日

成績：
德文八十三，國文六十八，英文九十
物理九十五，數學八十五，化學五十
公民八十五

左傳現讀何處。翁詩何時讀畢。須將所讀情形函告。

元妹在錫。汝何來如許閑功夫。而各處通訊之殷勤也。

此項成績。是否精今所評僅此次考分。汝等大考何人名次最前。汝現名列第幾。下次信亦告我。

沈振夏何人也。而汝忽於洪萬信內。及其知恥與否。如此輕口薄言。不敬師長。余屢切誡。而仍不改。真蠢才也。此次接余信後。須將在校課業現作如何。除抄習及余切誡之事是否確能注意。於下次信內一一詳告。余將以此觀汝能否確知悔悟及有無改善。希望也。勉之。三月一日在蘇州

錫成製

1711

父親大人膝下敬稟者見去年
吾科德文平時常有寫作國文
僅作一次算學物理合英文不均
小考一次作學則小考不無比
次成績單想已將積分併計
矣但國文六十八分實僅考合
課校中課業見普通于教授後
閱讀一過其解釋証明多習

錫成製

能深考他書，極好，但仍宜以本書為主，並須尋明其中心異同所在。

動言不屑，好自矜誇，是直大言不慚，乃其受病所在，宜痛戒之。

今年若假，擬再令汝重考究大機械科課，餘有暇可就有關各科從選好自準備。

題跋多求之于他書，所得會通貫悟之道。若有拘拘一書，則殊屬管窺蠡測，大類浮光掠影，見不屑迺英文，則帶出數書均已讀竣。半年來英文遺忘過半，至此似稍有頭緒，見擬從事隱饒有興趣之數篇，全一年以讀之，現已開始要自數

錫成製

左傳讀畢，幸甚。如有四書，或先將論語溫讀一過，以其與左傳相發也。再讀史記，可將本紀、世家、列傳於文學讀之，八書選讀封禪、平準、河渠三書，年表或僅讀序。

百字至千字不等。若左傳則既讀全書畢（至今[illegible]八年），淡影于此書，印像殊淺，想東缺首則讀之功，可由讀此書。後只擬續重讀史記一過，否則讀漢書或三國志亦可。近日臨魏碑漸有意趣，然卒離碑則依然，故我每日要臨

[illegible]以恆自有進境

錫成製

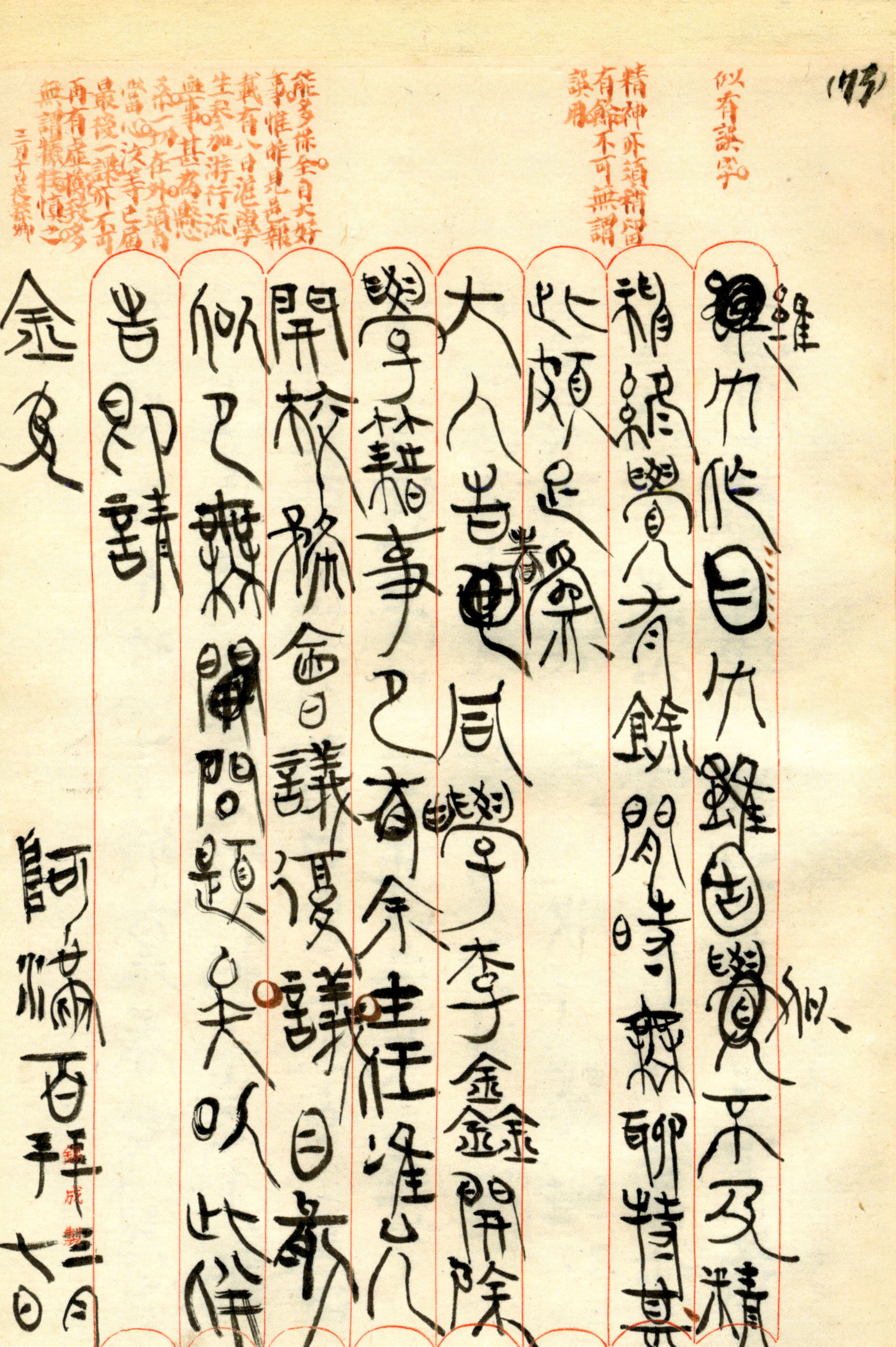

似有誤字。

精神亦須稍留有餘，不可無謂誤用。

能多保全自大好。事惟昨見邑報載有八日滬學生參加游行流血事，甚為懸念。汝一人在外，須時當心。汝等已屆最後一課，亦不可再有虛擲，致多無謂犧牲，慎之。三月十日老父

渠力作日久，雖由學不及精，神絕學有餘，閑時無聊精甚。此類之學

大人吉申。同學李鑫開除學籍事已有令，主任准入開校務會議復議，自似已無關問題矣，以此告，即之請

金安

師滿百拜 三月七日

聞之欣慰宜謝良師

父親大人膝下敬稟者現見德
文程度現已可作數百字論
文會話亦覺脫口自然實已可
抵普通高中二年英文程度
且所學大多切實致用之學少
空華浮騖之詞況發雖亘音
已能並用從前所習亦具相當能
力半載所得此項先生循循

錫成製

(75)

當存轉告過老

議論有成績之西方主任陸
振邦先生現谷西番校任教
理論課及校務教務會議
及工學會主席等要職
大人有暇可參
閱此書也伯一言之西又思能
日檢箱底衣多件均太空小
細口成先堅家安貧難上身

錫成製

已寄汝母酌奪另製。
順字未妥。

家中可夫期考數難
俟暑假回錫時順（便）取可也
餘無足告即請
金安
男可滿叩 三月十四日

汝左傳已讀完否。余前批示可將論語複讀一遍。以其頗多與左傳相發明。及史記讀法順序。是否照做。余記得去年曾寄汝批示左史文筆之異同。尚記得否。今年校中國文。所授以何書為主。余前批論[illegible]
汝今年暑假重考交大機械[illegible]於意云何。便均一一詳覆。三月十六日夜 [illegible]

三伯父
三伯母前請代叩不另名叩
父親大人近日好否在外不勝孺慕

汝母脇膈間近時作痛。或即舊說所謂肝胃氣。詳係操勞所致。汝能知所孺慕。汝母於心當慰。

錫成製

有良師。无須學生能定其益。方爲不負其苦心。經史佐以學說。非實學有本原者不辨。

父親大人膝下敬禀者男今年校中國文教材仍以左傳爲主。釋文解字不用講章。四人分之三經。請先生講求。顏爲說自負。經史佐以學說。漢學生注意。尤甚爲參雜未中。已師無盡也。

大人前以未將論語語令人讀書事

錫成製

汝所見者，僅朱註耳，尚不足以概宋儒也。讀書貴通其義，亦宜知所取長。朱註善者全見語錄，其曲解者不免蛇足也。然宋儒通漢詁本訓者，實惟朱子一人，能通漢宋之郵，未可一筆抹殺也。

所謂躬行心得，本是讀書上乘，然亦談何容易。

見已遵諭照做，讀書二星期來，展卷自有佳趣。於是知其書所以百世不能廢，其來有非偶然者。但宋儒註疏往往有不可足（滿人意）者，每因解紛飾見生從嘔，謂之由究，足不亦宜乎度情察理。義理自明，反求諸己，微必自見其誠。書生腐儒昧律

錫成製

此數語非能窺見深際

律于字行章句之間求其音安自增損上下其義桎梏繩墨其道吹萬天下莫世之人自美大美人不得窺名歸望寧不可笑可難歎既謂之絕有其緯是以人人得吹行其是道其道則諸主釋果何論象哉禁錮人心壅塞思想不惜

錫成製

深文周義殊使人難異己故傳雖見重于世而孔子之道遂偕佛老以並立其道理亦可觀註疏而了然矣今年暑假重考交大見母謂以之作測驗復一雪往歲之恥則可后滌功課亦有其章統未見非真所謂空閒太多特以見居之然耳

此意亦是。姑到暑假再說，然總望汝集中精加，專心學業，勿自恃聰明有餘而意

錫成製

多字繁。須知汲黯諳漢武帝內多欲而外施仁義。郎在好大喜加功，尚非聲色貨利也。

兒龍哥雖在父大人下其情與（形正）

兒同可見人自人地自地

吏地深重字跡太宜工整題雖

易易易錄取正未可以期兒意

不蘇趣（意）趣于此道當故違嚴命

西即請

金安

春假約在何時，須速錫否，念念。

三月二十三日夜蔡卿

阿滿叩 三月二十一日

父親大人飽隔佗痛稍好否（錫成製）

日來尚好。勿念。

父親大人膝下：敬稟者，本星期英文小考考卷發下，兒得九十分。史記閱至殷，所記皆上古無稽之事，無趣特甚。工一作工情形，大抵首先整零星機件，後俟略有門徑，後再配合整部機器及整機器模型。科程不外德文、化學、物理等，數學

英文小考。較上次何如

史記佳者全在周秦以後，然上古亦宜觀其大略，以明本末，雖無趣，仍宜循序以觀。入後自多興趣也。

校課編配極好，仍須自能用功。試先自思將來能[illegible]此學具微否。

錫成製

等基本科目。要之邇來校中學生自治會解散後，一切仇較平靜，但至星期四見于廁中發現刊物十餘冊，宗旨我們審視其語之內容，類法西斯蒂黨人所辭，攻擊共黨，擁護中央，其理固當；其中有罵共黨召單一紙

錫成製

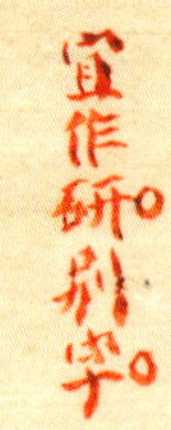

宜作研究字

以均美藝故實大哲意誣蔑
本班同學王君國賓君林燊
在其國所按照朕系可參加共
業乃系反勤近系乎得精
常賞起以組織研究會未克畢
作定名文藝之會發乃前
音聲報恩想錦整在頂乃
實以王君生于文藝之研究會

錫成製

並將會員更將主持發起人不從未投稿者預聞其事命令乃合並續入一如鏺者實攝者可謂鬼斧已極宜其置于廁中發行西夷當時發見後駭怪甚即企召王君吉士囑企訴諸學校當局以某語某正其謬予一冊以作証餘均

文字貴稱於今務。然汝宜格外謹言慎行。除課業外。勿預他事。問學非真知灼見。不必多事文談。以免意外。幸宜慎之。

何校役命隨即焚燬吹免搖手此等鬼倭之入寇因欲求犒賞而吹免青年前途為兒戲無恥之尤要莫此為甚但不足可為鋒鋩太露出來也餘容再稟叩請

金安

余自前因典業開會赴錫。昨始赴返錫。由內尚須來滬。轉赴青浦。亦因開會。附告知之。四月十六日夜 孫卿

阿滿百拜 四月十一日

錫成製

史公許項實在其能亡秦故寫垓下之戰特用重筆可與高帝紀參看

亦有所見

紙可設法免購如實難得寫大楷即舊日報紙及任何廢紙均可正不宜因噎廢食也

父親大人膝下敬稟者兒讀史記已至項羽本紀一經史公檀染重疊栩栩欲活但察其語朴且言似許項為英雄實則劉季賴固屬然實市井小人出涼項籍有勇無謀好大喜功不僅一戰之將才非其英雄也習楷書有筆無紙近日暫停非得書已也物理化學雖溫習其舊

錫成製

甚好。望汝實做之。勿徒空言也

三伯父已來滬。

書外另取便書參閱。兩相比較。擇善而從。似易多所領悟。餘無足述。即叩

念安

阿滿百叩 四月十八日

三伯父前請代保叱名問安

余二十日來滬。往訪元姊。二十一日乘汽車往青浦開會。夜十時返滬。二十二日應特約往嘉興。同人為余在鴛鴦湖煙雨樓公祝五十新慶。紅燭高燒。鞭炮大響。客共兩桌。亦尚熱鬧。煙雨樓為吾家 始祖武肅王之孫吳越節度使元璙所建。明萬歷間。錫人龔勉任嘉興府重修。有所書釣鰲磯三大字。昨始返錫。四月二十四日夜蔭卿

錫成製

史記八書禮樂律曆採自他書且均係後補天官敘次極佳理太繁讀宜只以封禪河渠平準三書為最佳封禪宜與孝武本紀參讀平準可與貨殖列傳參閱

讀書總須首尾完畢方能得益汝前讀化學諸書均完畢否

父親大人膝下敬禀者男史記讀本記已完接讀八書禮樂均缺[illegible]始補未帶出讀至封禪以上諸書皆瑣屑類雖自說理究在可解不可解之間學淺如見識不能窺其奧秘迺物理於學古圖書館借得薩本棟所編一書說理詳析多所未聞私心喜之今日校中本開運動會因雨而

錫成製

聞但仍未能上課延期至下星期
預期至少必定課三日餘再定
合遞即請
金安
家中換樓板現已竣工否
已在開始。時有敲擊聲。正深煩惱。
阿滿百拜 十二日

此信今晨始到。已將三日。不知何故遲延。是否因係緩寄。五月五日夜孫卿
汝讀史記。瀏覽宜渋全體精采不妨複讀。此實執簡馭繁之法。無論何書皆然。否則
隨意涉獵。總無用處。

錫成製

閱之欣慰

父親大人膝下敬稟者兒前次發信均
于上星期六晨寫訖當時並付
信箱並未延擱不知何故遲遲西
本星期因運動會事至星期三始開
課星期四下午有德籍教授
演講現代歐洲情勢雖操德語
竟能完全聽懂對于口試想
無多少問題[illegible]數學于下星

錫成製

(94)

一切小事，務須當心，勿再蹈已往，重貽噬臍之悔。

太史公善敘瑣事，每於人不經意處特為經營，故文字生動而不呆板。求諸筆法，要史公惟左氏文字亦極流暢而運用虛字，尤善特長，並不生澀難解。汝或因其長篇冗易去，不如史記之有草法易尋，故認為橫雲斷嶺，使人茫然耳。

期一八卷，閱史記至世家韓漸，有意趣。卷莫史實不足與左傳相輔翼。然八至四左傳氣全書出縮景，間不搘吮瑣事，緣遝覺歷落有致，而其脈絡不絕如縷。其文字不豐茂，不在似左氏傳生澀難解，若橫橫雲鐵嶺，萬山齊直，遹使人茫然不辭東西，國生楚吳國霧

錫成製

此來父母從西家中人均安好否即請
金安
三伯父母前敬請代為問安不宣
阿滿百拜 五月九日

汝近日在校亦常吃香煙否。有則速戒。因傷腦力。所謂勞神思者。特興奮由耳。且成習慣將來作事亦覺累累無窮也 五月十日夜孫卿

錫成製

此自紀事本末正與記傳相輔而行不可廢適有軒輊也史記秦漢之際均史公自於其用力處特著精采汝宜留意其精妙不可輕有所訾議

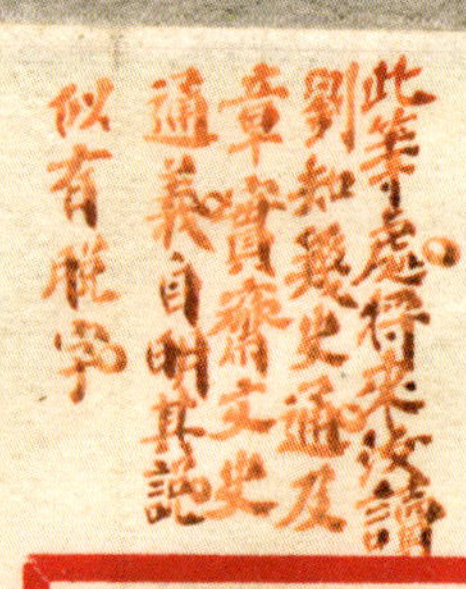
此等處待來後讀劉知幾史通及章實齋文史通義自明其說似有推字

父親大人膝下敬稟者兒閱史記已至韓世家陳涉竊以謂史當以事繫經以人繫緯一事繫綫相承因果首尾乃明關鍵洽萃並顯今以各人物作爲紀傳文辭固爲工才華蓊固扑溢然年月交錯前後淆亂一代人事雖記敘多畫竟令異世同人傳編裁究屬未載以

錫成製

之象野叟佚聞則可固未可親
象正史而况可侄春以謂正史
春莫不與相因陳龍據此象
材體例雖有書表本僅執度文
觀不足補其殘缺而必是之
頓鐵整紋絲四飛翁翁可厭搖
甚本是期數學人養成醫是人因病
扶病春試變形延期學生莫

錫成製

禾雀躍三百大聲呼快莫是春

之也理當可想見也。來德文

訓諫專彙講與聽講英國週日均

有專"會話"(Unterhaltung)一小時

餘。蘇足之遠見語請

金安　　阿滿百拜十五日

三伯父前請代為叱名問安

三伯父日前返錫，甫於今晨來滬。十七日夜孫鄉

錫成製

(17)

六字簡明亦應作六。

史遷自有史法，非僅文字見長。

父母親大人膝下敬稟者兒校中將于六月二十六日結束口試約在大考後舉行本星期史記閱至留侯世家細讀頗有深致朗誦尤有奇趣單句隻字極可玩味故曰史遷殆以文治史者也德文近授小詩數章詞句平易而有餘韻音節極美深喜之本星期三為校慶放假一天工廠各處均開放任人參觀

錫成製

遇火語宜删

如間日寒熱而熱退有定時者為瘧，否則或係感冒，須請校醫細辨。熱時可飲開水，不可食他物，尤忌生冷。熱退最好吃粥泡飯，須燒滾，否則蛋，乾吃麵包亦可，烘熱，不宜過飽。
念近已稍愈否，甚

觀內呈柴油"英"近（四二七）蒸氣機等種類極多，但可望而不可即，掃興特甚，僅能觀其外表，亦至無意義。今日熱，蚊蟲益衆，足偶自不慎，竟為瘧鬼所寵，遇今日寒熱尚未止，頗作書時頗可灼手，極感不快。家中調換樓板已竣工否，英妹當乖。

正在加新樓板，完工尚須時日，汝母在家甚為忙碌。英女尚乖巧，不頑皮。

稍積性，俟其漸懂事當設法管教。

平和

錫成製

(99)

多兒星期六返家，星期日仍往華先生處作文。余亦為查功課，觀其情形，仍少進步。汝兒弟暑期返更須設法為補英語。

母親大人身体亦不戳多弟在豁然洞讀書處想自知用功即請

金安

阿滿百拜 五月二十二夜

三伯父三伯母前請代為叱名問安

二十五日夜批閱 孫卿

余前諭汝到校後仍私吃香煙否。汝何以來信未及（透汗）。再發瘧出汗須將被蓋嚴。

瘧熱時如吃生冷水菓。腹中感受寒積。必成瘧塊脹痛。切須戒之。

錫成製

飲食寒暖仍須當心

此乃當然之事，欲須自能用心勉之

父母親大人膝下敬稟者兒日來瘧疾已愈身体亦好史記閱世家已完接讀列傳至司馬穰苴內伯夷管嬰老子莊子申不害韓非數均絕好文章鬱勃有奇氣国德文已停止續教課本但溫習及練習會話時每疊當生字少則二三十多則上百同學莫不疾首蹙額者幾希！蓋既有所新學者遂則不得不抄抄後又不得不讀溫故及習新二者不

錫成製

無錫駐軍正在四鄉徵工築路並就地剋縛社下，適當春耕蠶汛緊，民苦不堪言。此事關係整個，祇有各盡所能，庶幾靜以觀變。地方風聲亦不盡可恃也。

可得兼，其勢必欲兼之，其苦實有不堪言者，其情亦當然耳。報載華北之私問題，日益不可收拾，影響國家民生經濟關係殊大，深堪為憂。無錫近日風聲如何？母親大人身体當好，餘無足稟，即請

金安

昨星期六下午，輔仁育初中三年級學生五人往東大池試作游泳，乃致溺斃三人。一陸姓，年十八，單下；一迎溪橋俞姓，年十七，單傳；一小橋頭唐姓，年十五，最幼，聞為積李康之表弟。此可為少年好弄者戒也。汝輩遊事，汝兄弟在外，務須一切謹慎，勿貽家中之憂，是所至囑。五月三十一日夜 孫卿

阿滿百拜 五月三十日

三伯父 三伯母前代為叱名問安

錫成製

在校有暇可仿特帶出史記心所喜者重行覆讀讀蘇張傳可悟當日縱橫家言實出名家非僅捭闔可喜也

父親大人膝下敬禀者兒讀史記至荀卿孟子列傳完所帶出史記已全數讀竣本星期所閱者乃蘇秦張儀秦最奇詭有該趣世皆稱蘇張秦舌士人盡輕其僅有傾天下之舌而無安天下之才而然細觀二人之所爲皆所謂身孫當時之榮隨亦有實事可見亦豈所謂徒託空言

錫成製

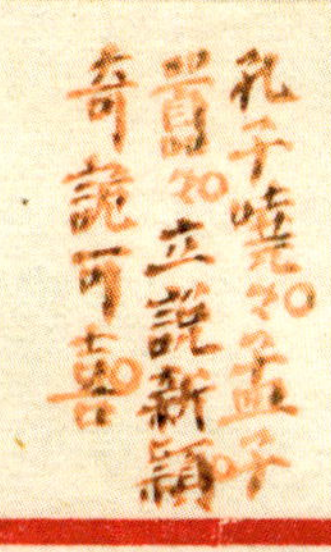

僅從人觀聽而已哉，且孔子嘵嘵如者，孟子大嚣嚣，不肯下人，遊游於國，以求一用之時，更多娓娓之言，甘因執勢私道之辭，足以辯才，不乘聖人之一體，未足乘盛德畢，是果以便給雄辯乘不然，則聖門不似，不當有言語歷數之，後矣，俗儒徒持門戶之邊

錫成製

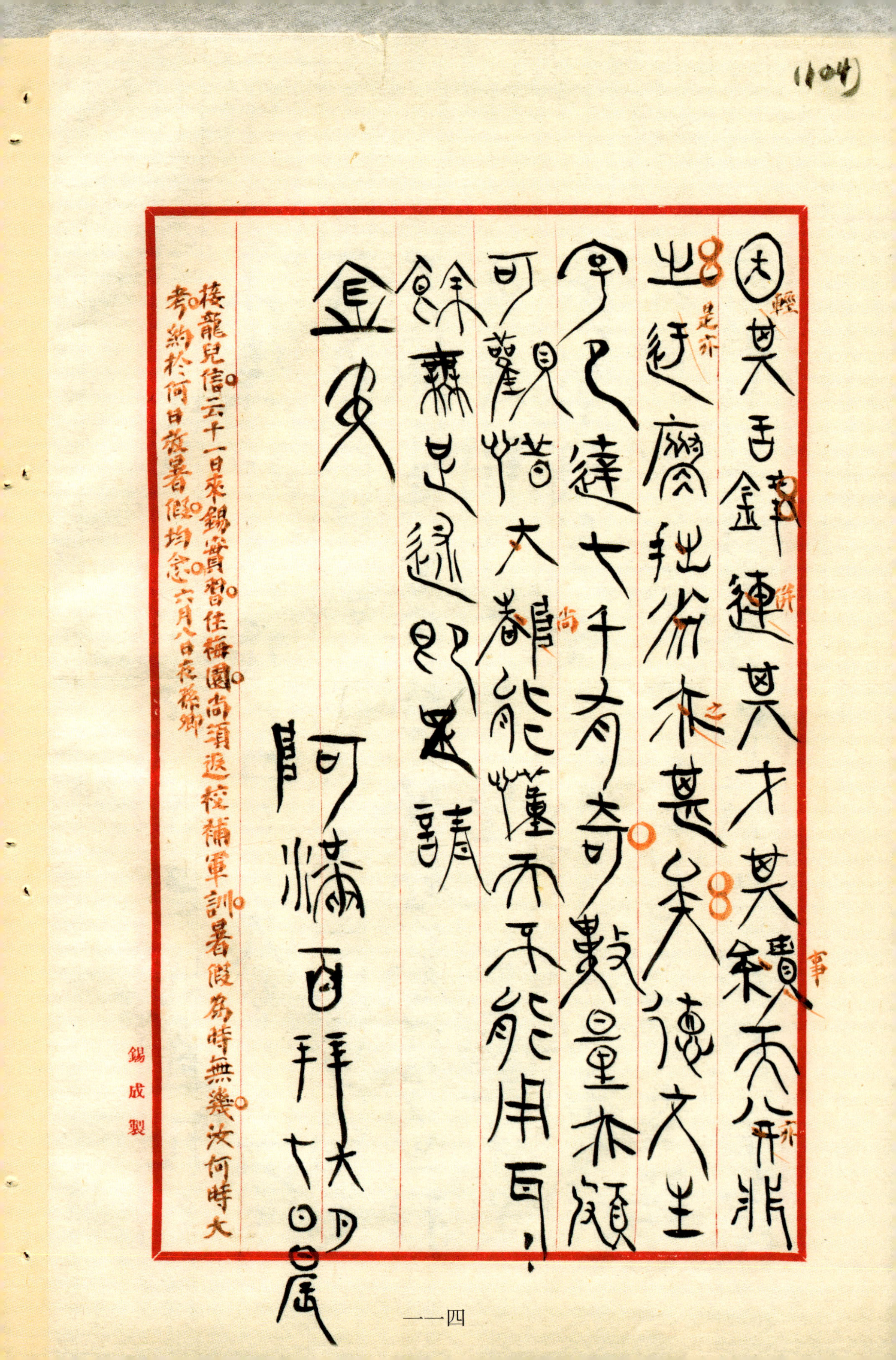

因其語錄連其才其績矣并非也。徒廢拙作亦甚矣。德文生字已達七千有奇。數量亦頗可觀，惜大都能讀而不能用耳。餘容再述，即此足請

金安

阿滿百拜 六月七日晨

棱龍兒信云十一日來錫實習，住梅園，尚須返校補軍訓。暑假爲時無幾，汝何時大考，約於何日放暑假，均念。六月八日夜 蓀卿

(105)

總罷課事報紙未見如何情形均須當心

是否二十日返錫。約在何時須問大到華樓否。

父親大人膝下敬禀者兒甫今習稿央大考突然提早（略比與上海學生最近單總罷課事不無關係如吹二節文學職員內分黨派情形覆雜殊非一端）定于十五號起大考十六號口試二十號結束（報告單約遲一二日）兒于下星期大約可返錫矣龍

錫成製

(106)

龍已來錫往梅園閒須月底返滬

所謂意外支出者何事須相告

寄可兒已來錫否？約於幾日返滬？余以見本學期因有數意外支出錢略絀乏，余僅可足供天己，餘尚容回家後細告。兒己請議金安

自 可滿百拜 廿三日

薄棉夾襖及須帶回整洗衣被並暑假兩月温讀課業均擬齊帶回勿有遺忘留校書物亦須歸着妥當善不可亂抛致有失落 六月十六日晨孫卿

錫成製

跋

嗚呼此吾亡四兒鍾儀抗戰前遺書手蹟也時肄業上海同濟機械系年甫十六耳余家子弟就學在外者每届週末必責令其函報在學狀況及所學心得余兄弟均隨信詳批寄還或亦別作復函補所未逮此余兄弟當年家規凡吾子侄皆然其辦法具見所附復函而此則其抗戰前肄業同濟第一年所寄家書也常有神悟時亦作鍾鼎蝌蚪文以示異於人余皆硃筆手批偶遺家中刦後檢得首尾完整者尚有三十一首並附一二復函以見其概抗日戰起滬校内遷不知何因留浙工作轉入地下改名錢行皖南事變國民黨當局大捕愛國青年遂在瑞安為浙省專員張寶琛所捕繫陷温州遽於深夜槍斃於公路之側時為民國三十一年壬午年亦僅二十三耳有友義士為

倉卒買棺收葬於瑞安之東門外植二檜樹為記甚可感也歿不知日魂歸無所嗟哉此子早慧秀而不實余夫婦至今痛之此其遺墨檢付裴池藉存其人以慰吾婦阿滿其小字也叔兄子泉稱其尊聞行知求仁得仁其然豈其然乎漏夜起牀跋竟黯然明月在天四顧無人案頭蟲聲若助歎息人生到此天道寧論豈不悲哉時公元一九六五年乙巳冬月也距吾兒之亡則已越二十有四年矣余有殤子二一曰鍾達小字阿寧七歲而亡已就學矣余嘗為作墓碣抒哀者也一曰鍾籛余八子也執友徐君微生瀕卒撫以為子字曰孫貽以誌其事亦未三歲而殤併附識之孫庵老人時年七十有九

附錄

亡七兒阿寧墓碣 甲戌

孫庵

阿寧錢氏余七子也於諸子為最幼年七歲而亡已入學就傅識千字能書琅琅上口矣余婦甚悲之以民國十七年戊辰夏曆二月十八日子時生方生時豐額燕頷耳巨有輪眉目如畫貌甚俊朗長嫂毛夫人一見目為英物叔兄子泉為命小字曰阿寧亦冀長保康寧之意詎知其未成年而殤也兩歲時偶為婢跌誤創其額縱裂一痕適當眉間中瀏上下微狹乃類世所傳聞太師之縱目見者或異之三歲後母姊為授唐詩短句頗能成誦余嘗聞其晨睡初醒每於母枕上誦春眠不覺曉處處聞啼鳥夜来風雨聲花落知多少句喃喃不休問母有誤否母輒破顏為笑及今思之風雨花落或詩讖也叔嫂王夫人有妹

適鮑常来余家余子女多從閉業隨從兄弟稱呼曰六姨兒五歲時亦從識方字語母曰吾今乃為六姨學生應稱以先生矣母笑頷之自此即不再呼六姨嘗隨余寢合被而眠則抱余背挽頸笑曰娘有乳吃故卧其懷爺何無乳我乃抱背聞之失笑每余夜歸兒聞戶外車鈴必先自趨門側謂爺歸速家人婦啟戶顧諸兄曰吾先迎爺為孝子以此自詡甚親其母而畏長姊故余婦外出必令隨吾長女鍾元兒服其教無稍忤今年春試令就三皇街小學肄業以其生當俗傳達摩渡江之日故為命名曰鍾達每見人必以告自謂達字極響較寧尤佳也凡兒之可憐念者類此其病也實始於民國二十三年四月二十八日僅感時氣患紅痧余有兩子均先患此得愈兒亦自謂無患乃以寒熱不退竟於翌月二十五日汗出不已至夜十時半而夭

殁其翌日余商叔兄祔葬於惠山廟巷余幼妹月琴之墓右即昔年叔兄為撰春申君里墓碣者也爰系以詞曰

爾病自謂不欲醫藥兮今乃急之以速其死天發殺機龍蛇起爾其倖免於斯世自今爾違父母之懷兮寧依爾姑以息茲土

图书在版编目(CIP)数据

钱钟仪家书手迹 / 钱钟仪，钱孙卿著.
—武汉 ：崇文书局，2018.4
ISBN 978-7-5403-4848-9

Ⅰ. ①钱…
Ⅱ. ①钱… ②钱…
Ⅲ. ①钱钟仪（1920-1942）—书信集
Ⅳ. ①K827.6

中国版本图书馆CIP数据核字（2018）第118511号

钱钟仪家书手迹

责任编辑　薛绪勒　郑小华
特约编辑　周雅珊
责任校对　董　颖
责任印制　田伟根
出版发行　长江出版传媒 | 崇文书局
地　　址　武汉市雄楚大街268号C座11层
电　　话　(027)87293001　邮政编码　430070
印　　刷　北京市兴怀印刷厂
开　　本　880mm × 1230mm　1/16
印　　张　8
字　　数　40 千字
版　　次　2018 年4月第1版
印　　次　2018 年4月第1次印刷
定　　价　280.00 元

（如发现印装质量问题，影响阅读，请与承印厂调换）

本作品之出版权（含电子版权）、发行权、改编权、翻译权等著作权以及本作品装帧设计的著作权均受我国著作权法及有关国际版权公约保护。任何非经我社许可的仿制、改编、转载、印刷、销售、传播之行为，我社将追究其法律责任。